NATIONAL GEOGRAPHIC
School Publishing

Tejedoras maravillosas

EDICIÓN PATHFINDER

Por Rebecca L. Johnson

CONTENIDO

Vigilando. Una araña pescadora hembra vigila un saco blanco redondo. Dentro de ese saco se encuentra una gran cantidad de diminutos huevos de araña.

Tejedoras maravillosas

Hay arañas en todas partes. Podemos encontrarlas en los áticos llenos de polvo o en los sótanos húmedos. Incluso podemos verlas en los bosques y campos. El planeta Tierra alberga casi 40.000 tipos de arañas. Van desde diminutas arañitas saltarinas hasta arañas del tamaño de la mano que se alimentan de aves. Comencemos a descubrir más sobre estas increíbles criaturas.

Por Rebecca L. Johnson

¿Qué son las arañas?

Mucha gente piensa que son insectos. En realidad, una araña es un **arácnido**. ¿Cómo podemos diferenciarlos? Una araña tiene ocho patas, mientras que un insecto tiene seis. El cuerpo de una araña se compone de una cabeza y un **abdomen**, que es su gran parte trasera. El cuerpo de un insecto también tiene una cabeza y un abdomen, pero también tiene una tercera parte en el medio que se denomina tórax.

Partes de una araña. Podemos observar las ocho patas y las dos partes del cuerpo de una araña. ¿En qué se diferencia el cuerpo de una araña del de una mosca?

Súper seda

Las arañas son capaces de fabricar hebras que se denominan seda. La seda proviene de estructuras especiales que se encuentran dentro del cuerpo de una araña. Cada estructura se asemeja a la boquilla del extremo de una manguera. Estas estructuras que fabrican seda se llaman hileras.

La seda sale disparada de las **hileras** de la araña. Es un material tanto elástico como resistente. Un hilo de seda de araña es casi cinco veces más fuerte que un cable de acero del mismo grosor. Las arañas son capaces de producir hasta siete tipos de seda. Usan diferentes tipos para realizar diferentes trabajos.

Hilando seda. Esta viuda negra del Mediterráneo dispara seda desde su abdomen para tejer una telaraña.

Telas maravillosas

Casi todas las arañas son cazadoras. Deben atrapar y comer insectos u otros animales pequeños para alimentarse. Muchas arañas utilizan la seda para fabricar telarañas. La mayoría de las telarañas son trampas para insectos y otros animales pequeños que las arañas comen. Las arañas saben cómo tejer telarañas que son difíciles de detectar. ¡Sabrás que eso es cierto si alguna vez te has chocado con una!

Las telarañas tienen algunos hilos de seda que son resistentes y suaves, pero otros hilos son tan pegajosos como el pegamento. Cuando los insectos o animales pequeños vuelan a través de una telaraña, quedan pegados en estos hilos pegajosos.

Un bocadillo delicioso. La araña avispa pica a su presa antes de comérsela. El veneno de la araña avispa envenena a los insectos, pero no a los seres humanos.

Cuerdas y envoltorios

¿Alguna vez viste a una araña colgando de un hilo de seda? Las arañas también utilizan cuerdas similares a la seda para bajar de lugares altos, de forma casi similar a quienes escalan montañas. Las arañas saltarinas adhieren el hilo de seda a una superficie antes de saltar. Si no dan con su objetivo, esta cuerda de seguridad evita que se estrellen.

Las arañas hembra utilizan un tipo de seda especial para envolver sus huevos. Fabrican un saco en el que sus huevos permanecerán a salvo. Un saco de huevos contiene docenas, o incluso centenas, de huevos.

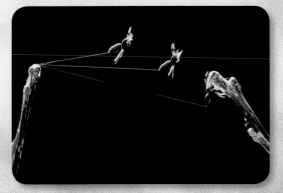

Caminando sobre la cuerda floja. Esta araña saltarina salta de una planta a otra utilizando sus hilos de seda.

El ciclo de vida de una araña

Las etapas de la vida de una planta o animal componen su ciclo de vida. El **ciclo de vida** de una araña comienza con un huevo dentro de un saco. Algunas mamás arañas se quedan junto a su saco de huevos hasta que nacen las arañitas. Otras esconden el saco en un lugar seguro y luego se marchan.

Los huevos de araña generalmente maduran en unas pocas semanas. De cada huevo sale una araña bebé, o cría de araña. Las crías de araña son diminutas, pero son iguales a sus padres. Eso es porque la madre y el padre le heredan sus características a sus crías. Estas características se llaman **rasgos heredados**. El color de ojos, la forma del abdomen y la longitud de las patas son ejemplos de rasgos heredados. Algunas de las actividades de las arañas también pueden ser rasgos heredados.

1

5

Después de su última muda, las arañas jóvenes se convierten en adultas. Cada araña hembra pondrá sus propios huevos y los envolverá en un saco de seda. Los huevos madurarán y el ciclo de vida de la araña estará completo.

2

Las arañas tienen una sólida cubierta corporal que no se estira. Para crecer, las arañas deben **mudar** una parte de su cuerpo. Esto significa que reemplazan su cubierta corporal por una nueva y más grande. La nueva cubierta corporal se forma por debajo de la vieja. Luego, la cubierta vieja se rompe y sale al exterior una cubierta nueva y un poco más grande. Las crías de arañas por lo general mudan su cuerpo una sola vez mientras están dentro del saco de huevos. Luego hacen un orificio en el saco y salen de él.

3

Las crías de araña se crían solas. Algunas simplemente se van caminando. Otras fabrican hilos de seda para que las lleve el viento. Las arañas bebé se van flotando como si estuvieran atadas a un globo o barrilete. El viento las lleva hacia nuevos hogares.

4

A medida que pasan las semanas, las crías vuelven a mudar su cuerpo varias veces. Cada vez se hacen más grandes. Tejen sus propias telarañas para atrapar su alimento. Sus telarañas lucen exactamente igual que las de sus padres. Eso es porque la capacidad de tejer telarañas es un rasgo heredado.

Vocabulario

abdomen: parte posterior del cuerpo de una araña

arácnido: animal invertebrado que tiene una cubierta corporal sólida y ocho patas

ciclo de vida: diferentes etapas de la vida de un ser viviente

hilera: parte del cuerpo de una araña en la que se fabrica seda

mudar: deshacerse de una antigua cubierta corporal y reemplazarla con una nueva cubierta un poco más grande

rasgo heredado: característica o comportamiento que se hereda de los padres

Una muestra de telarañas

Los diferentes tipos de arañas tejen diferentes tipos de telas. Retuercen y tejen los hilos de seda con la punta de sus patas. Las arañas tejedoras trabajan rápido. ¡Son cuidadosas de no quedar atrapadas en sus propios hilos pegajosos!

Telas en forma de hoja

Las telarañas en forma de hoja son películas planas de hilos de seda. Las arañas que tejen este tipo de telaraña se cuelgan de cabeza por debajo de ella. Cuando un insecto aterriza en la película, la araña se mueve rápidamente. Atrapa al insecto y lo jala hacia abajo por la película.

Tela espiralada

Una telaraña en forma de espiral es muy organizada. Parece una rueda con rayos. También tiene pegajosos hilos que forman una espiral desde el centro hacia los bordes. La araña a menudo se sienta justo en el medio de su telaraña.

Tela enmarañada

Las telarañas enmarañadas tienen una apariencia muy desorganizada. Los hilos de seda salen en todas las direcciones. Un buen lugar para encontrar telarañas enmarañadas es en las esquinas cercanas al techo.

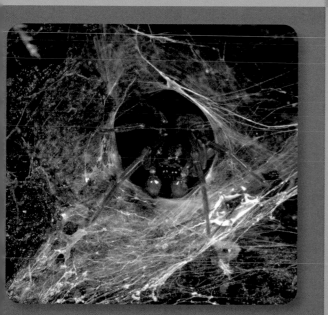

Tela en forma de embudo

Lógicamente, las telarañas en forma de embudo se asemejan a un embudo. Son anchas en un extremo y angostas en el otro. La araña se esconde en la parte angosta. Los insectos aterrizan sobre la parte ancha y se quedan atrapados en los pegajosos hilos. La araña sale y los atrapa.

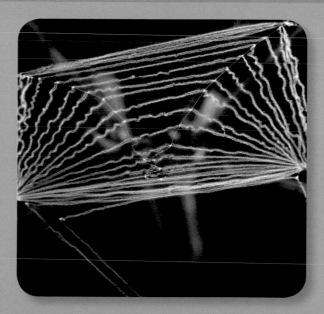

La tela

Las arañas lanzadoras de tela tienen largas patas y muy buena visión. Tejen telas que sostienen entre sus patas. La araña espera a que un insecto pase volando cerca suyo y luego lanza su tela y lo atrapa.

¡La araña vegetariana!

Durante mucho tiempo, la gente pensó que todas las arañas se alimentaban de otros animales. Hace poco, unos científicos de Centro América se encontraron con una sorpresa. Descubrieron a una pequeña araña saltarina que se alimenta de plantas. Es la primera araña vegetariana conocida por la ciencia.

La araña se alimenta de las diminutas puntas dulces de las hojas que crecen en determinado tipo de plantas. Las hormigas también comen las puntas dulces de las hojas. De hecho, las hormigas vigilan las hojas y atacan a todo lo que intente robarles su comida favorita.

La araña observa a las hormigas desde un lugar seguro. Cuando las hormigas se distraen, corre hacia la punta de una hoja. Si las hormigas aparecen, la araña salta fuera de su alcance. O salta fuera de la hoja y cuelga de un hilo de seda. Allí se encuentra a salvo. Pero la araña vegetariana es muy veloz. Es mucho más veloz que las hormigas. Se marcha con una punta de hoja dulce casi todas las veces.

Vigilando. Esta hormiga acacia vigila las puntas de las hojas de la planta. ¿Será la araña vegetariana más inteligente que la hormiga y se quedará con la hoja?

Tejedoras maravillosas

¿Piensas que sabes todo sobre las arañas? Demuéstralo respondiendo las siguientes preguntas.

1 ¿En qué se diferencia una araña de un insecto?

2 ¿Qué son las hileras?

3 Nombra tres formas diferentes en que una araña puede usar la seda.

4 ¿Cómo saben las arañas jóvenes qué tipo de telaraña deben tejer?

5 ¿Qué hace que la araña vegetariana sea tan especial?